O TRABALHO

O TRABALHO

(Obra mediúnica)

Pelos Espíritos

Augusto Silva – Je-ký – Sélem

José de Castro Pinto Júnior

Dados Internacionais de Catalogação na Publicação (CIP)
(Câmara Brasileira do Livro, SP, Brasil)

Silva, Augusto (Espírito)
   O trabalho / pelos espíritos Augusto Silva, Je-ký, Sélem ; [psicografado por José de Castro Pinto Júnior]. -- Lavras, MG : José de Castro Pinto Júnior, 2023.

   ISBN 978-65-00-73067-8

   1. Espiritismo 2. Obras psicografadas 3. Trabalho
- Aspectos religiosos - Cristianismo I. Je-ký. II. Sélem. III. Pinto Júnior, José de Castro. IV. Título.

23-161846   CDD-133.901

Índices para catálogo sistemático:

   1. Espiritismo : Doutrina espírita
   133.901

Eliane de Freitas Leite - Bibliotecária - CRB 8/8415

INTRODUÇÃO

Uma andorinha só não faz verão, mas a força vem de Deus.

O trabalho é a benção que Deus concede a preencher com o bem o dia após dia. São muitos os benefícios. Mas o que fazer se as relações trabalhistas conservam as características arcaicas da ordem sem o conhecimento.

Nós temos que nos preservar no trabalho imunes à arraigada concepção do boa-vida, porque somente no bom serviço está a boa vida.

Ações responsáveis são tudo que a sociedade necessita diante do grau de evolução que a ciência tem nesse planeta.

A minha independência através do trabalho acontece, também, com referência ao meu chefe, ao chefe dele, ao superintendente dele, etc. Porque não vale desvestir um santo para vestir outro.

Os seus caminhos não são uma rua sem saída.

Um só era Ele. Não havia automóveis, não havia televisão, rádios, jornais. Porque sabemos o que existia. Mas graças ao trabalho aquela situação mudou muito. Refiro-me principalmente à relação social, mais especialmente entre a classe A e a miserabilidade. Uma mudança que requereu muito esforço de homens e mulheres que, como o Divino Pastor, se encontraram sós. Cada um em sua época. Cada um e cada uma, Deus e os segredos da dificuldade encontrada. Trabalhavam, não pelo que comer apenas, sobretudo pelo que outros comessem, vestissem, estudassem, trabalhassem e recebessem à luz do direito, do sagrado direito. Porque é prescrito pela lei de Deus.

E Ele precisava de em quem confiar para que o mundo entendesse que o inimigo número um do Estado é o egoísmo. Até que a luz ocupasse o seu lugar na cadeira parlamentar.

CAPÍTULO 1

Reconhecimento

Conforme qualquer máquina a sociedade mundial para ser eficiente precisará de coerência. Portanto imprescindível e logicamente precisará de lealdade uns para com os outros; sem a mancha corroída da discriminação, sem exceção de uma só peça, de um só parafuso.

Os mencionados trabalhadores, por vezes, pareciam diferentes; alguns pensava-se terem um parafuso a menos, mas. Mas como seria a sociedade atual sem eles. Da classe A à Z teriam o mesmo recurso que tem hoje? Os grandes cientistas em centenas de experiências pagaram seu preço. De sol a sol, de chuva à chuva molharam a camisa para que a humanidade estivesse e fosse melhor. Da lâmpada incandescente ao raio laser, do calhambeque ao automóvel anfíbio, do giz de cal à internet via satélite muita coisa se aprimorou no mundo exterior. Só que a riqueza maior está no nosso mundo interior.

No lombo de um jumentinho Ele mostrou de que precisa um ser humano para alcançar o reconhecimento público, digo o verdadeiro, mesmo com tantas restrições, exceções legais e oposições acreditamos na maneira. A maneira de agir é precedida pela maneira de pensar. Pensar favoravelmente a todos e a si próprio, sempre. Esta é a súmula de qualquer bom administrador, ou administradora.

E que cada um escolha quantos funcionários quer ter, o mestre Jesus Cristo não excetuou ninguém.

CAPÍTULO 2

Chefe e subordinado

Em todos os tempos existiu a dualidade da chefia e do subordinado. A relação empregador/empregado substituiu com êxito a submissão escravocrata e as leis trabalhistas regulam tais relações ao ponto de empregado dizer não ao chefe, ao chefe que diz não ao progresso da instituição. Instituições sob um planejamento, sob as determinações legislativas, as oficinas sagradas onde se busca a sobrevivência, onde se busca a promoção.

E como já dissemos em outra ocasião não há nada de errado em querer a promoção. Pelo contrário. Só que o nosso amor à Justiça deve ser maior.

Essa promoção deverá ser pautada no bom comportamento e em sensatas atitudes perante as leis naturais.

Como todos possuem um interesse o Alto também. Este é soberanamente interessado que todos, ou qualquer um deixem de ser um qualquer para ascender a uma respeitosa função de celebridade. E não fica de braços cruzados quando pode favorecer alguém.

Há quem diga que não existe o chefe bom. Então estar-se-iam os subordinados sem os competentes superintendentes? O planeta está sem direção? Porque por todo lado tem um chefe. Meu Deus, e são muitos!

Mas imaginemos e comparemos se os chefes deixassem de existir não seria pior?

O Alto não tem culpa se as pessoas não conhecem e aceitam os seus lugares, um qualquer pode ser um chefe.

Os atos na lei de Deus não resultam em prejuízo. Há resultados. É preciso. Continuar é preciso, porque há gente que aposta na evolução cultural. Só que o Brasil é dos brasileiros.

O povo não dá valor no seu presidente porque não dá valor no seu povo.

Capitalismo é outra coisa, o vício que alastra por uma sociedade não é culpa da ciência, a economia não poderá jamais aclamar que o dinheiro vale mais que o ser humano. Sem que o cientista se vexe na incoerência.

Os dirigentes institucionais de hoje se confundem, diante do que podem ou não fazer em benefícios dos cidadãos. É grande o número de leis e melhor seria se cada uma dessas estabelecesse no mesmo papel o direito e o respectivo dever. E ponto.

Entretanto a lei de Deus em nós como se nós antes de nascermos fizéssemos um curso de direito e tivéssemos armazenado na consciência, é mais ou menos isto.

Antes mesmo que a lei esteja no jornal a nuvem de gafanhotos poderá comer o milharal. O conhecimento não foi revelado para ficar escondido nos livros. A lei do fazer está em nós, somos seres criados para criarmos, mesmo com tantas restrições, exceções legais e as oposições.

Mesmo que o chefe esteja contraditório.

Mesmo que o último dos subordinados esteja dando ordens.

CAPÍTULO 3

Cristãos

O profissional prático, autodidata, ou bem instruído que sabe o valor da Obra.

O acadêmico que não perde tempo, porque sabe quão grande é a sua missão perante Deus.

Pela frente a fé a romper as dificuldades. O prático e o teórico, mas é disto que o mundo precisa para sua iniciação à era da espiritualização.

Se o ser humano passa pelo mundo um tanto alheio às coisas do mundo, o espiritismo ganha forças nas mais diversas concepções do que é certo perante o Criador.

Espíritos, todos nós somos espíritos, santos, ou não a manifestarem conforme os seus interesses, até que entendam que existem interesses mais inteligentes e valiosos que os de todos.

Ao passo que trabalhamos em comum acordo com a disciplina, o entendimento de que o trabalho nos preceitos da lei de Deus dignifica, ampliando os horizontes às boas e sagradas concepções do Alto, e com a aceitação das condições naturais – ou atuais – tudo para o mais Alto, percebemo-nos diferentes para melhor. José do Egito aceitou a escravidão aceitando também a jubilosa presença de Deus; Sansão por um grande amor a um povo suportou o impossível sem se ater à desistência; Abraão; Moisés; Davi aos Construtores do século XXI; do templo que Ele reergue dos escombros de nossas ilusões, a palavra sagrada, historicamente intacta se sublima através da razão. Onde ela esteja. Catolicismo, Protestantismo, Budismo, Judaísmo, Islamismo, Calvinismo, Hinduísmo, como também o ateísmo. A razão a somar forças em prol da paz. A diminuir diferenças no entendimento do valor da vida. A subtrair da sociedade o preconceito e o inatingível pelas etnias de sangue não azul. Porque divide.

Mesmo que a Mestria cristã seja incomparável, dividir é dar oportunidade na lei de Deus.

A razão nos faz aclamar que os cristãos heroicos antes de Cristo e os cristãos novos depois de Cristo são espíritos luminosos do presente a continuarem espalhando o bem.

Muitos outros, os santos, na sua plêiade de experiências imortais a darem ânimo e entusiasmo ao orbe, que não avalia os Exemplos e os atos dos heróis verdadeiros, dentro e fora das páginas dos livros, mas juntos, nos mandamentos divinos pelo bem alheio.

Trabalhadores sem PIS e sem seguro, não reclamavam o justo direito, todavia exigiam de si próprios a superação, no amor ao dever.

Receberam do divino Mestre o dom, agiram certo.

Eles por princípios. Heróis, eternamente heróis. Pensaram diferente; no bem alheio, valorizaram seus semelhantes como a si próprios. Estadistas e seus interesses valiosos, escolhidos de Deus, prepostos do Mestre Jesus Cristo, a pensarem e a agirem em prol "de gregos e troianos", não obstante em prol da vida.

A impessoalidade, a simplicidade, a transparência, a lealdade com Deus, a fazerem história, a fazerem religião, porque cumpriram a Lei.

Para eles, o lado certo das letras importa mais que a arbitrariedade criminosa. Palavras e frases de ouro, premissas de um Reino oculto, mas verdadeiro.

CAPÍTULO 4

Estabilidade

O que Deus quer são obras, então o que Deus quer é produção [1]

Esta exigência é inerente aos cargos da administração, como aos da execução. De certo nossos irmãos subordinados às respeitáveis disciplinas de instituições sagradas terão muitas dificuldades aos excessivos encargos, em nome da economia – ou da poupança. E seus esforços não serão condecorados como os do dono. Mas a luta pela estabilidade compensa, é a causa sagrada a superar a inculta e

---

[1] Vide Epístola de Tiago 2:17 e I de Paulo aos Coríntios 13:3.

calculista classe dos que não admitem que um estado é constituído de razão e amor ao seu povo.

De fato o céu deve ser a melhor coisa do mundo.

Mas, como?

As boas ideias, os bons pensamentos que a Terra experimentou vieram de lá.

E que ninguém esqueça de agradecer ao santo as possíveis e impossíveis causas ganhas.

CAPÍTULO 5

Emancipação

Quando se fala de evolução, a conscientização dos assuntos transcendentais deve ser um bom desafio.

Sim, obviamente que o céu é uma graça, porém não é de graça. Por ora eu sugiro que contentemos com a Terra. Nela a luz já fez coisas muito importantes. Arrancou-a da ignorância e pouca inteligência dos ditadores e ofereceu-a a todos.

O Criador enviou o grande Mestre à Terra com o supremo objetivo de despertar o sentimento da emancipação, por conseguinte na garantia da Lei. A lei única para a felicidade de todos.

Deste lado só há um Patrão. E o amor ao trabalho nos faz enxergar mais amplamente.

O nosso maior desafio ainda é a paz.

CAPÍTULO 6

Confiança em Deus

Esta bem-aventurança pode ser assegurada na existência física mesmo. E Deus não tardará em oferecer ao ser humano de boa vontade, conforme a sua obra. Conforme a nossa responsabilidade com a obrigação, sempre com a confiança em Deus.

As determinações do Alto são acompanhadas de esclarecimento, "aqui se recebe pra pensar".

Ninguém pode negar a suavidade da consciência quando a obrigação é cumprida. A compra a prazo paga em dia, toda paga. O fim da jornada de trabalho até o último minuto, o filho da casa pra escola, da escola pra casa, a assistência aos pais idosos, a lealdade conjugal. Embora ressaltemos a importância da harmonia ambiental, a paz tem a sua sede no nosso eu.

A existência é uma luta mesmo; é trabalho, é esforço; o que pretende o ser humano é o trono e a isenção da dor – que Deus o ouça – entretanto um bom rei tem e terá muito trabalho pela frente. Porque querem isto do atual presidente.

Até que possamos conceber o princípio. A vida é o objetivo da Divindade.

CAPÍTULO 7

Brasil

Aumento de salário, ótimo. Só não é bom aumentar o preço. Se o inglês vir o francês muda a reportagem. E com razão.

Por que não pensem, inventem um antídoto, o Brasil tem solução, tem futuro, o melhor é que tem presente.

Avante meus idolatrados, essa terra é forte produzirá o seu sustento, avante às fronteiras, na esplêndida oferta de um Brasil para o mundo nos fundamentos da fé, junto dos outros, no pensamento da lei perfeita.

Você Brasil será muito mais o que pode idealizar. Instruam-se, compartilhem-se do mesmo desejo de vitória para todos.

Vocês são filhos de Deus e irmãos, são um povo que já venceu outros campeonatos. Aperfeiçoem-se. Que Deus os abençoe.

Tabele esse preço, não pague mais do que vale, pesquise, procure a verdade para que ela lhe ofereça a direção, pacifique o mundo.

CAPÍTULO 8

Útil ao agradável

A igualdade absoluta de aquisições é uma utopia, ou não?

Não condenamos o capitalismo e nem tão pouco o socialismo. O social é imprescindível e a boa remuneração um dever.

Desde os primórdios o ser humano confia na moeda corrente como garantia de troca até o momento da compra. Tão velho de Terra quanto o capitalismo é o socialismo.

Unamos o útil ao agradável, porque Ele disse:

_ Vim para que vós tenhais vida em abundância.

CAPÍTULO 9

A oficina

Defendemos a tese que a oficina de todos nós não é sala de visita, não tem todo dia café de graça e nem se esquece do troco. Menos ainda se a oficina for do nosso chefe.

A bondade é o valor maior, entretanto ser bom e ser bobo no meu dicionário têm significados diferentes.

A Empresa do meu chefe existe e para ela existem regras lógicas para o seu funcionamento, que é minha obrigação acatar. Senão demissão por justa causa seria pouco.

O nosso local de trabalho, principalmente se a instituição for do nosso patrão, não é lugar e nem meio de fazer caridade.

Caridade com o chapéu dos outros é fácil.

Quando se precisa aprender a ganhar o próprio pão.

A caridade praticada pelo mestre Jesus Cristo é a inesgotável queda de tensão entre o céu e a necessidade. Ele soube canalizar este circuito que recebe o nome de Cristianismo, a resultar em benefícios expressivos. Porque de mim saiu virtude, disse Ele.

Nós aqui hoje recebemos Seus eflúvios. Seu Exemplo, Sua inspiração, Sua palavra. São grandes aquelas virtudes, amor e sabedoria, Seu ensinamento a nos tornar livres, ou autônomos, este foi Seu objetivo quando na Terra.

A paciência então para compreendermos o como e o porquê que se faz possível.

CAPÍTULO 10

Emprego

A satisfação de existir; de se provir, de trabalhar também para o provimento material e intelectual da família é bem grande. Responsabilidade inerente ao chefe de família, como também, à sua companheira.

Mas onde está o emprego.

Não precisamos lembrar que se tem que procurar; e nem tampouco que emprego é difícil.

Ele ao expressar, com o suor do teu rosto, o fez sem parábola.

Aquele que persistir será salvo, disse também.

Salvo, é óbvio de todos os males. O desemprego é um dos maiores.

CAPÍTULO 11

Alternativa

Como emprego é uma coisa difícil a escolha por um patrão padrão carece de alternativas numerosas.

Os princípios divinos da honestidade quando em confronto com a ambição dos chefes, então, por vezes, resultam em preocupação e desassossego. Mas deveremos nos ater nos ensinamentos evangélicos: Ponha sua luz para brilhar.

Obedeça a Lei. A boa lei é aquela que favorece a todos sem qualquer distinção. Mesmo que ele o chefe, não veja, não enxergue e não repare as mudanças ocorridas.

CAPÍTULO 12

Otimismo

Depende de mim, caro leitor, eternizar esta luz, depende de você.

Ele disse, eu estou convosco todos os dias, até a consumação dos séculos, não quer dizer o fim, mas sim, a preparação em nós, a formação do aluno que muitas vezes se equivocou com a verdadeira palavra do Mestre.

Um bom mestre detém em si a resolução, é otimista.

CAPÍTULO 13

Quem sabe

O bom Mestre, porque precisávamos de um mestre. A ignorância sempre foi explorada e vítima de abusos impiedosos. Mestre e sabedoria têm tudo a ver.

Hoje, século XXI, precisa-se de um mestre?

A felicidade verdadeira poderá responder perfeitamente.

Estamos prontos a lidar com a vida com plena segurança?

Vigiamo-nos vinte e quatro horas por dia?

Quem sabe?

Quem sabe conferiu ao "organismo humano" a faculdade mediúnica, o pensamento construtivo; o amigo espiritual a iluminar-nos nos momentos difíceis. Característica esta, obviamente do Mestre. Como também do Consolador prometido. No trabalho inclusive, um Mentor, a fazê-los vencer, um anjo-da-guarda. As religiões não negam isto.

Ajuda-te que o céu te ajudará que meio o Mestre usaria senão a mediunidade.

Ele, o Exemplo: O Pai, que está em mim, esse é o que faz as obras [2] . Sim era Ele o filho de Deus. Mas que nome a ciência atribui a este fenômeno, ou melhor, que nome a razão atribui a este fenômeno.

Não obstante nas passagens evangélicas observamos como são coerentes as explanações d'Ele.

---

[2] Vide Evangelho conforme João 14:10.

CAPÍTULO 14

Afinidade com a Lei

A lei de Deus é certa. Não nos cabe contestar seus preceitos. Compete-nos, isto sim, avançarmos na senda do amor e da verdade. Especializando-nos no mundo em sentimento e em intelectualidade, a conhecer-nos nesse belo mundo, nessa numerosa sociedade controversa, porém que admite algo superior.

Algo tão superior que faz os filhos de Deus sobressaírem-se na alegria em pauta, alegando a preferência pelo mundo espiritual. Algo entendível. Somente a verdade é entendível.

É com esta Lei que conviveremos socialmente, com o chefe, com o subordinado, com o amigo, com o inimigo, certos da justiça do Pai que nos punirá, ou recompensará. É natural que eu pague por um mal moral [3] , preciso da afinidade com a Lei, se quero conviver socialmente.

Com a alta imoral sociedade e com a sociedade baixa estima. Porém nessas duas castas de convívio se encontram as valiosas exceções a nutrirem o mundo das sombras que inverte os valores diante da Lei.

Porém o mundo é dos honestos, porque os que não são não encontram solução para os seus problemas.

Mas nunca é tarde para o mundo.

---

[3] Vide O Consolador, q. 245, 23ª ed. Emmanuel/Chico Xavier. FEB. 2001.

CAPÍTULO 15

Aperfeiçoamento

O telefone toca do nosso lado para o plano material [4], quando isto ocorre existe uma finalidade útil, como tudo que é obra do Alto.

Acionado o motor o trabalho fica mais fácil. O mundo espiritual intercede naquilo que a sociedade terrena se omite.

Conforme percebe-se a atenção do Alto é presta, como bons discípulos de nosso Senhor Jesus Cristo não param de obrar.

---

[4] Vide Chico Xavier.

Porém, caro leitor, ou cara leitora não pare de obrar, estaremos construindo o nosso futuro e na lógica paz de Deus o mérito é certo. Contemo-nos uns com os outros na perfeita finalidade que tem nosso Pai, onde Ele nos pôs. Este exercício persistente nos proporcionará o aperfeiçoamento.

CAPÍTULO 16

Entendimento

A que ponto, se nem tudo depende de nós?

Deixemos o tudo para Deus.

Com o Evangelho de Jesus Cristo nós percebemos isto, inclusive que as nossas obras podem ser melhores.

Como fazer se a praga do autoritarismo se propaga quando pensa-se em destroços.

Façamos não como eles. Cumpramos a lei, a face certa da lei, porque ela ainda está em evolução.

Não nos envolvamos com o dever dos outros, pelo contrário, demo-lhes o direito.

Sejamos não como eles.

Se formos como eles não seremos melhores. Seremos melhores. Sejamos éticos, antes pobres, mas desenvolvidos que ricos, mas viciados e dependentes.

Antes ficar como está que mudar pra pior, porque o mal está em nós.

Não nos conformemos com esse mundo, reformemo-nos pelo entendimento.

Deus através de espíritos de luz pacificaram a Abraão: Se tivesse cinco justos em Sodoma não a destruiria.

CAPÍTULO 17

Vantagem

Mas como o Homem mandou . . . amemos os nossos inimigos. Porque o Seu pedido para nós é um mando.

À primeira vista pode parecer loucura, ainda mais se a existência fosse tudo.

O que compensará amar os nossos inimigos? Vocês não concebem, mas existe a recompensa, e vantagem sempre é uma vantagem.

Mesmo que a viola não esteja em caco, ninguém tem nada a perder.

CAPÍTULO 18

Compensação

Se não conhecemos nossos inimigos, à luz da abençoada Doutrina, nós colhemos o que plantamos.

Continuemos, não inimigos, mas a plantar, agora com a tecnologia certa, revolvamos a terra, dediquemos convictos da existência da compensação – ou razão da vida – deixemos o descanso para mais tarde, a terra também repousará ao pôr do sol.

CAPÍTULO 19

Provimento

A Seara é grande os trabalhadores são poucos.

Mas é preciso criar vagas de emprego nesse mundo.

A terra produz o bastante, porém o desemprego é um mal social e não natural. A "natureza" seria cruel se criasse a necessidade e não nos proporcionasse as condições de provimento. Mas "ela" conhece o filho que tem.

CAPÍTULO 20

Veja quem tem olhos de ver.

A discriminação e a descriminação são ações cujas reações serão em nós e por nós recebidas.

O jovem que opta à farda militar é um encarcerado a menos, que atemorizaria dezenas, centenas, ou uma nação. Por um gasto menor.

CAPÍTULO 21

Formação

É preciso acreditar na solução, a curto, ou longo prazo.

A necessidade de luz é óbvia. Todavia querem vencer na vida, o bom emprego, mas a dedicação é nula. Porém é mais perigoso o desempenho do oficial nas demandas administrativas, sem a devida formação ética e intelectual que o motorista alcoólatra.

Disse Ele: Eu vos mostrarei a quem vós deveis temer.

CAPÍTULO 22

Suar a camisa

Vão encontrar o vazio pela frente preenchido pela depressão, pois desorganizam o Estado, algo que As Diretas suaram a camisa para conquistar.

Mas se preferem as indiretas faço minhas as palavras do presidente: Não vencer na vida é triste, mais triste é não tentar vencer.

CAPÍTULO 23

Honestidade

Mas por que desanimam tão facilmente.

A democracia é um fracasso?

A voz do povo não é a voz de Deus?

Não, não é.

Deus fala pelo que faz.

Disse o Mestre:

_ Quem persistir será salvo.

Disse também:

_ Eu tenho ainda muitas cousas que vos dizer, mas vós não as podeis entender agora.

Mas disse também:

_ O reino de Deus é um grande tesouro.

A vida é um tesouro, quando se aparta do inconsciente coletivo, ou individual, quando se diz não à proposta de corrupção pelo amor à honestidade, honestidade que leva jeito para tudo, detém o dom.

O Criador quer a honestidade. Porque Ele sabe o que compensa, somente a razão compensa.

A razão da vida, para o mundo dos efeitos, ou das graças é a recompensa.

CAPÍTULO 24

Ser

Ter, ou não ser, eis a questão, mas ter não é atributo, ou peculiaridade do ser.

CAPÍTULO 25

Capacitação

É preciso ser para ter, porque o que é mal adquirido é mal possuído. Por sua vez pouco com Deus é muito e muito sem saber é desperdiçar a existência quando se pode aprender a fazer. Isto é poder.

Mas o ser humano prefere ter, Deus lhe deseja a capacitação.

CAPÍTULO 26

Simplicidade

Conhecereis a verdade, e a verdade vos livrará, disse nosso Senhor. Não obstante disse também:

_ Sê simples, se o teu olho for simples, todo o teu corpo será luminoso.

CAPÍTULO 27

Ordem

Disse Ele muita coisa boa, portanto muita coisa útil aos que lhe assistiam, lições valiosas de um vencedor.

O Grande Mestre, por ser grande em tudo há quem O compare com um grande empresário, pois seja; diante de Maria Madalena, o perspicaz defensor público; com Barrabás, a compreensão e o sindicalismo presto; o médico; o psicólogo; o pescador de homens.

Se se reclama nessa Terra da ordem sem o devido respeito Ele, por sua vez, o fez leve e suavemente obtendo o que se esperava, o que se esperava, além.

Sobre as águas, em águas revoltas, portou-se com naturalidade. Nós, em nossos episódios, que nos portemos também calma e serenamente. Pacifiquemo-nos a nós próprios.

Esse nosso exemplo de fé poderá obter resultados tão valiosos, além da nossa sagrada casa.

Há quem O compare com Deus.

CAPÍTULO 28

Espiritismo e prática

Houve quem O comparasse com um possesso e servidor das sombras. Houve quem comparasse Joana d'Arc com uma bruxa e Thomas Edison com um bruxo, houve perseguições à luz como hoje "aos diferentes".

Pelo fruto se conhece a árvore, pela loucura o louco, mas Espiritismo se conhece pelo estudo e o espírita pela prática. Ele também é filho de Deus.

CAPÍTULO 29

O sol nasce para todos

Não há razão à cobiça, porque o sol nasce para todos.

A oportunidade para o desenvolvimento espiritual, ou seja o desenvolvimento existe.

Se não se contenta com misérias.

CAPÍTULO 30

Bons hábitos

Ser humano que tem mania de grandeza, mas uma mania nunca é uma coisa boa.

Ser humano acostumado a ter.

Mas se também habituasse a ser herdaria a Terra.

CAPÍTULO 31

Expectativas

Eu posso ser muito mais feliz que se pensa pra mim, pensando bem.

Se eu não posso ser um administrador, ou um gerente que eu saiba tudo teoricamente e prático com referência à minha oficina, pois se me mandarem ilegalmente que mandem por escrito.

As expectativas são melhores, pois Ele não fez uns de limo e outros de barro. Fez-nos destinados à perfeição.

Somente como irmãos. Não obstante Emmanuel disse: A iluminação de uma consciência é como se fora a iluminação de um mundo [5].

Eu aprendo a viver.

De fato. O reino de Deus está dentro de nós.

---

[5] O Consolador, q. 60, 23ª ed. Emmanuel/Chico Xavier. FEB. 2001.

CAPÍTULO 32

Vale a pena

A vida é um dom. O trabalho o bilhete de passagem, o destino a perfeição. Momentos de eterna lucidez e paixão. Depende de nós com o aval do Senhor a valer a pena, mesmo com os erros que podiam ter sido evitados. Daqui pra frente serão, é o que manifesta a misericórdia de Deus.

CAPÍTULO 33

Boa vontade

Mãos à obra. Seja ela abstrata, ou concreta. Mas nada impede que de dia, de sol a sol, venda picolés e à noite faça uso das letras. Deus é Pai, é fiel, é Amigo de todos. Porque Ele quer é obras. E julga a intenção e a vontade.

Não é preciso ser Deus para perceber "o valor" de uma boa vontade. Que nos serve, que nos esclarece, que nos previne, que nos alerta, que nos orienta, principalmente quando essa vontade se nos falta.

Merece um bom salário.

CAPÍTULO 34

Justo salário

O bom salário relativo. Relativo ao que produz para Deus, esse ele não vai deixar de receber.

Confiemos em Deus, na falta do justo salário estar com Ele é caminhar com a solução, todavia Ele não criou o planeta do dia para a noite, teve muito trabalho. Mais trabalho está tendo com a rebeldia do ser humano que insiste no mesmo erro velho.

"Velho por dentro" porque não cria, não aprendeu que o espírito não envelhece, que o espírito é tudo, a carne vira pó. O espírito fica só.

Se não se combateu o egoísmo, pois é evidente.

O reino deste lado é d'Ele, chefe aqui só existe um graças a Deus.

CAPÍTULO 35

Obra

Porque aqui os espíritos de luz cada um sabe cumprir com a sua obrigação.

Nós não vamos perder tempo.

Se fosse assim entre vocês não iam precisar mais de carteira assinada.

Sabemos que os chefes querem ser respeitados, todo mundo quer é óbvio. Nós apenas insistimos na obra, é o melhor meio, é uma ordem, inclusive para nós, se for feita como deve.

É difícil ser um bom chefe. Vencer a vaidade, a corrupção em prol do crescimento dos subordinados, do produto selecionado e da melhor empresa é virar santo.

CAPÍTULO 36

A hora do trabalho

Respeito é bom e cabe em cima da mesa, porque Ele disse:

_ Onde se acham dois ou três congregados em meu nome, aí estou eu no meio deles [6].

Como na hora das refeições, a hora do trabalho sempre é sagrada.

Sagrada oportunidade que as trevas tentam terceirizar.

---

[6] Vide Evangelho conforme Mateus 18:20.

CAPÍTULO 37

Reforma

Vamos transformar a nossa casa. Uma boa reforma traz muita bagunça. Ele que era Ele disse:

_ Vós cuidais que eu vim trazer paz à Terra [7]?

Quem sabe poderemos estender os benefícios.

De casa nova, de empresa nova, de país novo, forte por ter um povo verdadeiro, ciente e solidário, "um só interesse" servos todos nós da Causa primária de todas as coisas.

---

[7] O Evangelho conforme Lucas 12:51.

CAPÍTULO 38

Cultura

Permita-me, meu irmão e irmã leitores, amados de nosso Pai.

O exposto seria possível? Seria possível o Brasil uma superpotência que não dá tiro no escuro sem errar o alvo.

O povo indiano liderado por Mahatma Gandhi exibiu a sua força através da cultura.

Pode-se fabricar balas e canhões sem se fabricar o homicida, pode-se fabricar a internet sem fabricar a distância, pode-se construir a ponte sem o pedágio.

Se todos puderem.

CAPÍTULO 39

Visão

A nossa vida interage com todos. Queiramos, ou não. De um jeito, ou de outro. Seja no bem, ou no mal. Eu olho para onde quero, porque a visão é minha.

Visão privilegiada terão os últimos, porque os últimos serão os primeiros.

CAPÍTULO 40

Colaboração

No bom comportamento no emprego, ou no desemprego, agradeçamos a Deus as horas que passam. Somos observados. Não obstante acreditemos em boas notícias. Precisamos provocar os bons fatos. Eis o amor. O emprego e a promoção necessitam da razão com uma pequena colaboração. As vantagens podem ser grandes.

CAPÍTULO 41

A nossa parte

Temos que acreditar que a vida vai melhorar. É o que nos anima hoje. Graças a Deus que eu sou espírita. Posso perceber-me no meu passado fazendo jus no meu presente. Posso admirar mais ao Pai amando a Sua justiça, posso ser consolado e aprender a consolar. A vida já vai estar melhor.

Cultivemos o hábito.

Bons hábitos, não é tão difícil. Da possibilidade à sua prática. A esperança de futuro tem que ser a certeza do presente.

A vida vai melhorar, só que nós precisamos continuar a fazer a nossa parte. Nós poderemos ser os primeiros a colher o fruto.

Nós devemos ser o primeiro a comer do fruto que colhemos.

CAPÍTULO 42

Equilíbrio

Bens materiais, imateriais e espirituais, a vida em abundância é a vida lúcida, consciente, porque consciência sempre é uma coisa boa.

O entendimento dará à criatura humana o equilíbrio.

CAPÍTULO 43

A casa

A estabilidade é o objetivo de todos. O importante é saber quem pode oferecê-la, pois a casa cai se a reforma não sai.

CAPÍTULO 44

Mestre

Eis a nossa humilde expressão. Com a qual tentamos não ensinar, mas despertar, ou fazer lembrar que há anos reencarnou um Homem especial, a sofrer muitos dissabores para nos ensinar a suportá-los. Ele que foi a integridade perfeita pode aclamar o que hoje se precisa nessa sociedade, para que caminhe construindo futuros.

Muito nos entristece perceber irmãos nossos nas veredas da criminalidade. Sem que percebessem em Jesus Cristo a palavra final, se desiludindo com a vida, talvez muito difícil, mas a d'Ele também foi.

Foi trabalho, foi a esse mundo em missão espinhosa e jamais contestou a Sua cruz. Porque a luz era maior, o amor também.

CAPÍTULO 45

Emancipação

O sentimento e a inteligência serão as turbinas com as quais a criatura conquistará a sua emancipação sagrada, ao contrário do que se vê nas padrinhagens e troca de favores, com preços muito altos.

CAPÍTULO 46

Produção

Enquanto não pagares o último ceitil.

O trabalho para que a existência não seja um peso.

Avante produzamos, quem cedo levanta almoça e janta, e pode se especializar perante a Seara bendita.

O Alto nos reserva o melhor.

CAPÍTULO 47

Paciência

Tal como o progresso tecnológico, o progresso cultural é formado de contribuições.

Até que se fizesse o avião fez-se vários objetos aéreos.

Até que se obtivesse a televisão, obteve-se primeiramente o rádio.

Antes dos computadores de alta resolução calculadoras científicas driblaram o raciocínio na lei do menor esforço.

A automóvel e a carruagem. A lâmpada e a vela, os comprimidos e os transplantes, a humanidade caminha herdando conhecimentos.

Fotos e fatos, livros e a imprensa, a humanidade organizada se aprimora insatisfeita consigo mesma.

Nas antigas, mas perfeitas explanações do Mestre, Ele, por Sua luz oculta, impulsionou a humanidade na cor, na harmonia, na ciência, na perfeita civilidade que só o amor proporciona, preparando para o futuro.

Novamente; disse Ele:

_ Na paciência.

Muito otimismo.

CAPÍTULO 48

Para o trabalho

E se não posso ir para o trabalho com um automóvel que eu vá de ônibus. Senão que eu vá de bicicleta, senão que eu vá.

CAPÍTULO 49

Dever cumprido

Que eu volte. Com o bolso cheio, ou se não for possível que eu volte de qualquer jeito com a certeza da obrigação cumprida.

A consciência também estará leve, que fique.

CAPÍTULO 50

Aproveitar o tempo

Que seja a vida toda assim. Hoje nós temos os profetas e a Lei, temos Jesus Cristo e estamos consolados por tudo que estamos fazendo. Quem tem muito tem pouco disse D. Nhanhá; até o pouco que tem lhe será tirado se não aproveitar do tempo para fazer bom uso. Que veja.

CAPÍTULO 51

Que reveja

Que reveja então o que está ali escrito, o que é obra d'Ele e o que é obra do inimigo d'Ele.

CAPÍTULO 52

Consciência

A obra d'Ele.

Obra palavra sinônima da palavra construção.

Construção sempre lenta, porque o poder de construção é paciente.

É previdente e coerente.

O mal constrói?

Disse Ele:

_ As suas obras são más.

Mas. Nós não temos nada com isso. Eu bem que alertei não venda o carro. Meu filho não gaste em vão. Mas desprezaram-me dizendo: Que nada, é chover no molhado. Quem sou eu? Chame-me de consciência, porque a obra é d'Ele.

CAPÍTULO 53

O mérito

O mérito será nosso se nós fizermos a nossa parte. Não de qualquer jeito, mas do jeito que for possível. E entregue para Deus. Bom ou mau será o que o chefe estará merecendo para sua promoção.

CAPÍTULO 54

Solução

Porém fique quieto quando o assunto for seu dinheiro, amigos à parte, a instituição que você trabalha existe para oferecer a solução com o seu talento e não com o seu real.

CAPÍTULO 55

Garantia

Agora você já sabe a causa do fracasso de muita gente. O dinheiro emprestado, de um lado ou de outro o risco é duplo, imagine financiado.

Financiamento só se for o chefe como garantia.

CAPÍTULO 56

Sabedoria

Garantia quem dá é Deus, nós somos instrumentos, sejamos bons.

Certifiquemo-nos de tudo, sabedoria nunca é demais.

CAPÍTULO 57

Deste lado

A sabedoria se alinha com Deus para oferecer a todos o bom, o certo e o belo. A vida com Deus é de qualidade. Sejamos assim, as qualidades de cada um são postas à prova todos os dias, dependerá de você não repetir todo o ano, uma vez que, formatura depende só do aluno, porque deste lado o Mestre é perfeito.

CAPÍTULO 58

Utilidade

O trabalhador quando está pronto o trabalho aparece. Não turbe o seu coração, Ele é grandemente desejoso que o mais simples dos homens ocupe uma função respeitável, todas são, importa tanto ocupar um lugar na cadeira parlamentar quanto outra à luz do sol, ou ao brilho da lua se, somente se, pudermos ser úteis ao nosso semelhante sendo úteis para Deus.

Se pudessem perceber este valor. Ele percebe.

CAPÍTULO 59

Não tem preço

A sua vida para Deus não tem preço. Faça jus a esta verdade dentro e fora da empresa que você trabalha.

CAPÍTULO 60

Autonomia

Vai depender de você ser, verdadeiramente um profissional competente. Você tem autonomia suficiente para pôr Ele como sócio.

CAPÍTULO 61

Verdade

Mas o que significa isto?

A empresa não é uma filial da igreja, mas deve ser uma sucursal da verdade.

CAPÍTULO 62

Fidelidade

O fiel de hoje não está convencendo o templo.

Porque seguiu o infiel de ontem. Que por sua vez, não seguiu o Exemplo.

Mas, Pai perdoa-os.

CAPÍTULO 63

O que sabem

Eles não sabem o que fazem e deixam de fazer o que sabem; ou podem aprender, porque Deus é Pai de todos.

CAPÍTULO 64

O valor do fato

O Alto aproveita o fato quando sabe o valor do fato. E não perde tempo.

CAPÍTULO 65

O valor do ato

O Alto aproveita o fato quando sabe o valor do ato. E não perde tempo.

CAPÍTULO 66

Aptidão

A prova, todas nos fazem esquentar a cabeça, mas todas estão escritas na Lei Única a provar a aptidão.

CAPÍTULO 67

Trabalhador

A aptidão do subordinado que virou chefe e hoje é um exemplo de trabalhador.

Trabalhador este que cumpriu a Lei, mas antes cumpriu a lei de Deus.

O Alto tira o chapéu.

CAPÍTULO 68

Prudência

É prudente com o que fala.

É prudente com o que faz.

A assertiva é clara: Na dúvida abstenha.

CAPÍTULO 69

Presidência do mundo

Porque ainda não se elegeu ninguém para a presidência do mundo.

CAPÍTULO 70

Funcionando bem

Com a internet funcionado bem iria ficar mais fácil.

CAPÍTULO 71

Férias

Até para comprovar se o gelo do planeta Marte é uma adequada estação de férias, ou se o Espiritismo tem razão quando afirma a situação daqueles nossos irmãos.

CAPÍTULO 72

O direito

Parece difícil, mas é mais fácil quando se sabe. Eu prefiro ficar onde Deus me pôs. Conheço o meu lugar e sei o que me pertence e o que não me pertence.

O rico Zaqueu abriu as portas para Deus ao apreciar a ciência do Direito que adentrou em Pessoa àquele lar.

Se o rico não pode ir à universidade a universidade vai até o rico.

CAPÍTULO 73

Com luz

Faculdades, escolas de nível superior, locais sagrados que detém a missão da solução.

Que se lute para banir a erva daninha da vaidade, que em seus campi selecione e aprove a verdade e sua reitora a ética, nos preceitos d'Aquele que, sem religião, amou a Deus sobre todas as coisas, porque evoluindo O entendeu. Pregou Ele o trabalho, o caminho para a evolução, a emancipação, pregou, não só a luz, mas com luz.

CAPÍTULO 74

Prodígios

Da universidade direto para o trabalho, Seus apóstolos também fizeram prodígios.

Mas onde estão os milagres?

A dor não acabou, por que hoje em dia são tão raros?

Eles curavam por amor, o tempestivo amor, nenhum minuto a mais.

CAPÍTULO 75

Servidor e Servidora

Se o nosso direito que exigimos não nos concede quanto mais o milagre, mas à regra tem o Servidor e a Servidora.

CAPÍTULO 76

Pouco com Deus

À regra tem o dom e se me permite a repetição, pouco com Deus é muito muito sem Deus é nada.

CAPÍTULO 77

Os Amigos de todos

Com muito é Chico Xavier, com muito são profetas de pedra-sabão, com muito é irmã Dulce, com Brasil é Brasília, com muito é o avião.

Por detrás de uma sociedade corrupta e desumana estes e muitos outros fizeram o que muita gente torcia contra. Mas o que importa se não se valorizam o Espiritismo, eles vivem é o que nos enaltece.

Fizeram o bem para todos.

CAPÍTULO 78

Bom negócio

Na pouca inteligência dos arrogantes não percebem que o banquete de luz que é o Evangelho de Jesus Cristo a concordar e promover o Espiritismo kardecista. É vantagem, lucro, bom negócio, rendimento até para eles.

O que interessa é o recurso não é? Espíritas há que afirmam que obtiveram mais saúde com a vivência espírita.

Bem, já vamos gastar menos com os médicos, com os loucos e semiloucos. E remédio então!

O trabalho é benção de Deus. Se é benção de Deus temos que trabalhar para Ele.

É mil vezes preferível. Sempre melhor. É-nos uma honra.

CAPÍTULO 79

Quem controla

Na pista de decolagens e pousos nós vemos e ouvimos as aves metálicas em sintonia com o progresso. Vemos o embarque e desembarque de muitas pessoas de várias raças, cor, religião vemos os trabalhadores dedicados que cuidam e controlam o voo, mas quem voa sabe quem controla o avião.

CAPÍTULO 80

Amor

Se o amor mudar de nome não esqueçam de me avisar, se chamar paixão não mudo a opinião, se chamar perdão eu peço por favor, se for respeito eu estarei de pé. E se for idolatria eu o chamo de mania.

CAPÍTULO 81

Nosso antecessor

A estrada é limpa quando sabemos da nobreza do nosso antecessor. Diante de tantos os obstáculos vencidos, sem sabermos como, nós vemos e ouvimos com clareza porque Ele vive.

CAPÍTULO 82

Em nós

Disse o Apóstolo: Porque do Senhor é a Terra e tudo quanto há nela.

A cada um conforme as suas obras.

Porque vos é necessária a paciência, para que, fazendo a vontade de Deus, alcançareis a promessa.

Vida em abundância. Porque deles (os simples e os pacíficos) é o reino dos céus. O reino de Deus está dentro de nós.

A mente que cria e o coração que liberta.

CAPÍTULO 83

Razão

Bendito é o nome de Deus. Ele no provê do Seu amor.

Ele está por toda parte, sabe tudo. Pode tudo. Imutável e único.

A razão O mostra como a causa de tudo. A razão é o brilho da criação. O amor é a cor.

Entendemos, compreendemos o porquê de todas as dificuldades e nunca foi culpa do Alto os dissabores que a humanidade experimenta.

Uns não admitem o merecimento por tais desventuras, mas se fosse da ventura teriam o mérito.

Mérito por fazer uso da razão, mérito por tratar tudo com respeito é campeão.

CAPÍTULO 84

Felicidade

Quando a prática da lei de Deus for um hábito.

Tão grande quanto comporta sua grosseira existência, esta foi a resposta a Allan Kardec pelos mentores espirituais quando os inquiria referente à felicidade.

Mas a vida hoje na Terra está ruim?

O que falta?

CAPÍTULO 85

A indústria

Pai perdoa-os, eles não sabem o que falta.

Falta ou sobra.

A indústria que muito fabrica sem conhecer a demanda corre o risco de empate.

CAPÍTULO 86

Fazer

Se soubessem fazer.

Se soubessem fazer com o pouco ou o muito que têm seriam felizes. Muito felizes.

CAPÍTULO 87

O pão que necessita ganhar

Se eu puder ser útil em alguma coisa que me peçam, pedir e obter, só não podem confundir as coisas. Dar de graça o que de graça se recebe é uma coisa, e o pão que se necessita ganhar é outra coisa.

CAPÍTULO 88

Economia

Nosso Senhor Jesus Cristo jamais menosprezou o valor da caridade material. Porém Sua mensagem libertadora chama a atenção para a evolução. Alerta e orienta no exemplo sagrado porque não só de pão vive o homem. Ou seja não só de economia vive a nação.

Lembrar-se: Foi Ele a esse mundo para que tivessem vida em abundância.

A palavra bem usada

E se ninguém fizer nada por você salve a sua pele, comprove e prove tudo, a palavra bem usada pode não necessitar de aviso de recebimento.

Necessito é da luz pra viver

E antes que me discriminem por ser um trabalhador honesto alegando que sei o que não sei eu vou logo adiantando necessito é da luz pra viver. Porque saber que ela existe até as trevas sabem.

Recordemos: Que tens tu comigo, Jesus, Filho de Deus Altíssimo [8]?

---

[8] O Evangelho conforme Lucas 8:28.

CAPÍTULO 91

Se Ele permitir

Se Jesus Cristo que era Jesus Cristo revelou que o autor das obras do Mestre era o Criador quem as fazia quem somos nós para dizer: Eu faço.

Fazemos se Ele permitir, esta assertiva é clara nos Evangelhos.

CAPÍTULO 92

Nem tudo me convém

Nós pedimos a Ele muitas vezes que não permita.

Também porque sabemos que muita gente não leva a religião a sério. Vai à igreja para namorar. O templo não é lugar de comércio e nem especulação. Pra namorar também não.

Vai dar o que falar, mas Deus não tem nada com isso.

O padre deve fazer a sua parte e largar pra lá.

Sua Santidade também já tem problemas demais para assumir as responsabilidades dos outros.

A Igreja é de localidade pública e conforme disse o Apóstolo Paulo, mas nem tudo me convém [9].

---

[9] Vide Epístola I de Paulo aos Coríntios 10:22.

CAPÍTULO 93

Oportunidade

Que não se perca a oportunidade. Ela poderá ser única na vida.

Que não se perca a oportunidade de ouvir a palavra de Deus. Ela é a resposta exata para qualquer questionamento. Sem sabermos quem alguém vai tirar proveito da resposta.

CAPÍTULO 94

Conquista

Ordem e progresso, observe que até um formigueiro consegue seu objetivo.

Enquanto uns promovem a paz e a festa outros se encarregam do desmanche.

A guerra não se convenceu ainda que não é o meio da conquista.

CAPÍTULO 95

Subir na vida

E nem eu me convenci que o ser humano quer mesmo a paz.

Mas uma sociedade é feita dos indivíduos e bom gosto não é feito para qualquer um.

A paz é o sentimento do dever cumprido. É lógico que a corrupção não experimenta esta benção. A corrupção é insaciável. Atormentada.

Subir na vida não é isto.

CAPÍTULO 96

Heróis

Deus que me livre.

Eu quero mais é ver a próxima olimpíada. E a outra também.

Se ele soubesse agradecer a Deus o dom que tem se reuniriam mais vezes em nome do espetáculo. Deus é vida em abundância, eu tenho certeza que Ele não tem nada contra o espetáculo em si. Ainda mais quando o espetáculo é de verdadeiros heróis.

CAPÍTULO 97

O que temos que fazer

Comece cedo a trabalhar. Quem cedo madruga aproveita o tempo e faz tudo o que tem que fazer.

Sabemos o que temos que fazer?

Arrumar a casa todo dia. Chão, banheiro e tanque. Eu quero é olhar pra cima e esperar a sagrada orientação. A casa todo o mundo sabe que tem que arrumar. O que não sabem é como fazer pra chegar lá.

CAPÍTULO 98

Refletir

O caminho, a verdade, a vida. Ninguém vem ao Pai senão por mim, disse Ele.

Trabalho todo dia, de sol a sol, dia santo e ao lado do chefe é bom levar tudo na esportiva. Que fazer se ele não sabe o que significa aquele dia na vida do pobre.

Depende do pobre. Se for pobre só por fora, vai refletir um pouco na caminhada. Vai rezar porque é de graça. Ou vai à praça.

CAPÍTULO 99

Empresa

O que interessa é o que é legal. Esta é a conclusão que ele chegou. O chefe pode ser, mas o chefe do chefe deve ficar de olhos abertos à promoção. E não pensar que vai fazer um favor ao subordinado, pelo contrário, ali é lugar de negócios e a empresa precisa crescer pra merecer ser a melhor empresa.

CAPÍTULO 100

Uma boa ideia

Uma empresa legal é aquela que não desperdiça nada, principalmente uma boa ideia.

Tem gente que não troca suas raízes com a justificativa que lá fora quem é honesto não vence. De certo se se admite aquela tese também teremos que admitir então que ninguém vence.

Pode-se lhe mostrar o como e o porquê que aquele nosso irmão não muda de opinião.

Eu penso que aquele nosso irmão deve mudar de ramo.

CAPÍTULO 101

Recurso humano

Pode me chamar de instável, e daí, se Deus existe quem é estável? São estáveis quem amam os Seus mandamentos e os pratica. Só que Ele não dorme e vê tudo. Ele é um recurso humano ímpar, sempre disponível, só que é mais solicitado como pronto-socorro.

CAPÍTULO 102

Humildade

Eu procuro a luz, sei quanto custa a falta de luz, sei por exemplo que a formatura sem o diploma é mil vezes preferível ao diploma sem o ministério.

Prefiro ser humilde a ter que me defrontar com a prova dos nove sem os dez.

CAPÍTULO 103

Tem jeito

Meus idolatrados o Evangelho de Jesus Cristo é o banquete de Luz.

Permitam-me me apresentar, meu nome é Brasil e meu sobrenome é Cristão, se a resposta que procura ainda não a obteve não perca a esperança porque Ele existe.

Se você é como eu indague o como e o porquê.

A boa política e a boa religião têm que ter explicação.

Somos dois a percorrermos rodovias e ferrovias extensas. Sabemos o que nos norteia. Sabemos ser irmãos, então sabemos muito.

O Grande Mestre plantou a semente. Distante desse solo fértil. Mesmo sendo em outro continente. E nessa Terra de Dumont e de santos, nessa república solidária, nesse império democrático o fruto mais valioso prevalece. Ele é um tesouro a ser usado – característica de nosso Senhor – pela utilidade que brilha e faz, faça bom proveito.

O Brasil tem jeito.

Agradeço a Deus e aos Amigos espirituais pelo incentivo e pelas horas extras que se dedicam junto de mim para sanarem as minhas inúmeras imperfeições.

O médium

ÍNDICE

ÍNDICE

ÍNDICE

ÍNDICE

Lavras, 10 de dezembro de 2008.